Dr. Christine Jaitner

Alpentiere

KOMPASS

Die Autorin **Dr. Christine Jaitner**, geboren 1952, studierte in Innsbruck Zoologie und Systematische Botanik. Sie promovierte auf dem Gebiet der Protozoologie.

Impressum
Ausstattung:
72 Abbildungen
2 Farbtafeln
1 Illustration

Texte: Dr. Christine Jaitner, Patsch
Farbtafeln und Illustrationen: Heinz Schwanninger, Absam
Gesamtleitung und Redaktion: Reinhard Strohmeier, KOMPASS-Karten GmbH

Bildnachweis/Farbfotos:
Titelbild: Alpensteinbock (Bildagentur Dr. Wagner/Wittek)
Aichhorn: 52 · Alpenzoo/Ilsinger: 31, 32, 45, 61, 62, 69, 71, 74 · Archiv Alpenzoo: 11, 14, 17, 22, 24 · Bajohr: 48 · Geiersperger/Bildagentur Dr. Wagner: 75 · Ilsinger: 44 · Limbrunner A.: 8-10, 12, 13, 15, 18-21, 23, 25-30, 31 unten, 33-36, 38-43, 46, 47, 49-51, 53-60, 63-68, 70, 72, 73, 76, 77 · Limbrunner H.: 16 · Zeininger: 37

A-6020 Innsbruck (12.09)
Fax 0043 (0)512/26 55 61-8
kompass@kompass.at
www.kompass.at

Verlagsnummer 1101
ISBN 978-3-85491-573-7

Lieber Naturfreund!

Dieser Band der KOMPASS-Naturführer befasst sich mit der Tierwelt der Alpen. 70 der dort vorkommenden Tiere sind darin verzeichnet. Sie sind in Text und Bild dargestellt, wobei auf folgende Gesichtspunkte bei der Auswahl der Fotografien geachtet wurde: Die Tiere sollen in ihrer natürlichen Umgebung aufgenommen sein, die Farbwiedergabe im Druck muss den natürlichen Gegebenheiten entsprechen.

Das Format ist so gewählt, dass der Naturführer leicht bei einer Wanderung mitzuführen ist; damit Sie die Tiere, die Sie antreffen, sofort bestimmen können.

In den Rubriken „Beobachtet am“ und „Ort“ können Sie dann Ihre Beobachtung eintragen.

Die enthaltenen Tiere sind nach Klassen sortiert. Innerhalb der Klassen erfolgt die Einteilung systematisch. Sie finden im Naturführer jedes Tier durch seine Merkmale, Fortpflanzung, Nahrung und seinen Lebensraum beschrieben. Es wird auch auf seinen Gefährdungsgrad sowie Naturschutzbestimmungen hingewiesen. Weiters finden Sie eine Liste einiger ausgestorbener und stark gefährdeter Tiere, die dringend unseres Schutzes bedürfen!

Viel Freude an der Tierwelt der Alpen!

Dr. Christine [illegible]

Tiere der Vegetationshöhenstufen

Bedingt durch die zunehmende Meereshöhe und das damit verbundene Absinken der Temperaturen sowie vergrößerte UV-Intensität ändert sich die Vegetation und damit die ihr entsprechende Tierwelt.

Die Tiere passen sich durch Verstärkung des Herzens und der Gefäße, Dunkelfärbung und verdichtete Behaarung, Bevorzugung feuchter Gebiete, Verlagerung der Aktivität etc. an. Wesentlich ist jedoch die Vegetation.

Für die Fauna ergeben sich folgende Höhenstufen:

1. Waldstufe:
Hier finden sich alle Arten von Baumbrütern, an Bäume gebundene Wirbeltiere (Eichhörnchen, Baummarder, Spechte, Eulen, Bilche); im Laubwald - Feuersalamander, Alpenbockkäfer, Bilche, Schnecken, Würmer, Insektenlarven, Weberknechte, Haselhuhn, Berglaubsänger, Auerhuhn, Birkhuhn. Im Nadelwald - Tannenhäher, Kreuzschnäbel, Schwarzspecht, Raufußkauz, Sperlingskauz, Ameisen.

2. Zwergstrauchheidenstufe (inkl. Grasheidestufe):
Starke Verringerung der Brutvögel. Zu finden sind Schneehuhn, Bergpieper, Ameisen, Heuschrecken, Steinhuhn, Hausrotschwanz, Steinschmätzer, Alpenbraunelle, Schneefink, Murmeltier, Gämse, Steinbock, Hermelin, Fuchs, Fliegen, Schmetterlinge.

3. Nivale Stufe:
Sehr kleine Formen, wie Würmer, mikroskopische Bodenfauna, Milben, Springschwänze, Mücken, Schmetterlinge, Spinnen.

4. Region der Firnfelder und Gletscher:
Protozoen, Bärtierchen, Gletscherfloh.

Die gefährdeten Tierarten in Österreich

Der Artenbestand an Säugetieren umfasst 83 Arten, davon sind 34 als gefährdet zu betrachten, 6 ausgestorben oder verschollen. Bei den Vögeln gibt es 219 Arten, von denen 93 gefährdet und 18 ausgestorben oder verschollen sind. Alle Amphibien gelten als gefährdet, ebenso die Reptilien, wobei eine Art ausgestorben zu sein scheint. Es gibt 72 Fischarten, 7 sind ausgestorben oder verschollen, 35 gefährdet. Bei einer Gruppe von ausgewählten Insekten, die nicht einmal die Hälfte der Insektenpopulation darstellt, fehlen bereits 83 Arten, 2027 Arten sind gefährdet!

Folgende Tiere sind in den Alpen verschwunden: Luchs, Wildkatze, Wolf, Bär, Biber; sehr selten: Fischotter, Waldrapp, Bartgeier, Schmutzgeier, Mönchsgeier, Huchen, Lachs, Gründling, Schlammspritzer; fast kaum noch: Apollofalter.

Grund der Zerstörung und Veränderung der Lebensräume der Tiere sind die Zerstörung der Biotope, Monokulturen, Gewässerverbau, Flurbereinigung, Trockenlegung von Feuchtgebieten, Intensivbewirtschaftung der Bauern, chemische Belastung von Land, Luft, Wasser, Technisierungen, Bejagung durch den Menschen, aber auch natürliche Bestandsschwankungen.

Deshalb sind einige Lebensräume samt deren Bewohnern stark gefährdet und sollten unter Schutz gestellt werden. Solche Lebensräume sind (nach GEPP, 1981):

Gewässer – Teich, Tümpel, Weiher, Seen, Altarme, Wasserfälle, mäandrierende Flussläufe

Feuchtgebiete – Moore, Quellgebiete, Feuchtwiesen

Naturgemäße Wälder – Auwälder, Laubmischwälder, Urwaldreste, Altholzbestände

Heckenlandschaften und Bachbegleitstreifen – Wegsäume, Windschutzstreifen, Ufersäume an Bächen

Ungedüngte Mähwiesen und Almen – artenreiche, meist einschürige „Blumenwiesen“ ohne Düngung, extensiv beweidete Almen

Trockenstandorte – Trocken- und Halbtrockenrasen, Felsfluren

Wiedereingliederung gefährdeter und verschwundener Tiere der Alpen

Nicht zuletzt durch die hervorragenden Zuchterfolge des Alpenzoos Innsbruck ist es möglich, Tiere, die in ihrer Art schon fast oder ganz verschwunden waren, wieder anzusiedeln. Zu diesen gehören: Luchs, Steinbock, Uhu, Bartgeier, Gänsegeier, Fischotter, Wildkatze.

Die Entwicklung der Froschlurche

Die Ordnung der Froschlurche umfasst die Laubfrösche, Kröten, Unken und Frösche. Ihre Eier sind von einer Gallerthülle umgeben. Sie werden einzeln in großen Klumpen oder in Schnüren abgelegt. Aus ihnen schlüpfen die Kaulquappen. Diese bestehen aus einem plumpen Kopf-Rumpf mit Kiemen, Augen, Mundöffnung, After sowie einem durchscheinenden Flossensaum und kräftigem Ruderschwanz. Nach einiger Zeit verkümmern die Kiemen, und die Kaulquappe stellt auf Lungenatmung um. Zuerst entwickeln sich die Sprungbeine hinten, dann folgen die Vorderbeine. Nun entwickeln sich Flossensaum und Ruderschwanz zurück, so dass ein winziger Froschlurch entsteht, der das Wasser verlässt. Dieser ernährt sich nicht mehr von Pflanzenteilen, wie die Kaulquappe, sondern von Insekten.

Begriffserklärungen

KR	-	Kopf - Rumpf - Länge in cm
KH	-	Körperhöhe in cm
SL	-	Schwanzlänge in cm
N	-	Nestlingszeit
B	-	Brutzeit
H	-	Hinterfußlänge > nur bei Fledermäusen
U	-	Unterarmlänge > nur bei Fledermäusen

Metamorphose - Verwandlung bei Amphibien von der Larve zum Frosch, Lurch und zur Kröte, etc.

Verwandlung der Raupe über die Puppe zum Schmetterling.

♀ weiblich
♂ männlich

Insekten

Fische

Amphibien

Reptilien

Vögel

Säuger

Mein Dank gilt dem ehemaligen Direktor des Innsbrucker Alpenzoos, Herrn Prof. Dr. H. Pechlaner, der für den vorliegenden KOMPASS-Naturführer zahlreiche Farbdias zur Verfügung stellte und Anregungen zu diesen Bildern gab.

Alpenbockkäfer

Rosalia alpina Bockkäfer; **geschützt!**

Merkmale: Länge 24-39 mm, hellgrau bis hellblau behaart mit schwarzen Flecken, Halsschild oben und seitlich 1 Höcker, Basalglieder und Enden der Fühlerglieder schwarz. **Lebensraum:** auf und in abgestorbenen Buchen, bis 1800 m.

Beobachtet am: **Ort:**

Widderchen, Gemeines Blutströpfchen

Zygaena filipendulae Widderchen

Merkmale: Falter - Vorderflügel schillernd metallisch schwarz-grünblau mit 6 leuchtend roten Flecken, Hinterflügel rot mit schwarzem Rand, Fühler keulig; Raupe - auf Schmetterlingsblütlern, pro Segment schwarze Warzen auf grünem Grund, Warzen fein behaart, Puppe pergamentartig, aufrecht an Gras. **Vorkommen:** VI-VII.

Beobachtet am: **Ort:**

Alpenapollo

Parnassius phoebus Ritter; **geschützt!**

Merkmale: Falter - weiß, auf dem Vorderflügel 1-3 rote Flecken mit schwarzem Rand, auf dem Hinterflügel 2 rote Flecken, Spannweite 62 mm; Raupe - schwarz-samtig mit orangen Flecken, VII-VIII. **Lebensraum:** in der Nähe von Quellen und Bächen, 1500-2600 m.

Beobachtet am: **Ort:**

Bachforelle

Salmo trutta fario Lachsfische

Merkmale: 15-60 cm, Rücken grünbraun, Bauch hell, seitlich hellbraun mit dunklen Flecken, oberhalb der Seitenlinie dunkle, unterhalb davon rote Punkte mit dunkler Umrandung, große Mundspalte bis hinter die Augen, Fettflosse. **Lebensraum:** kalte, sauerstoffreiche Fließwässer und Seen. **Fortpflanzung:** IX-II, Eier im Kies eingegraben. **Nahrung:** Insekten, kleine Fische.

Beobachtet am: **Ort:**

Feuersalamander

Salamandra salamandra Salamander

Merkmale: 28 cm, glänzend schwarz mit leuchtend gelben, großen Flecken, Drüsenpolster hinter dem Kopf. **Lebensraum:** feuchte Wälder. **Fortpflanzung:** die befruchteten Eier entwickeln sich im ♀ zu vierbeinigen, Kiemenbüschel tragenden Larven. Larven werden im Wasser abgesetzt. **Nahrung:** Würmer, Schnecken, Kerbtiere.

Beobachtet am: **Ort:**

Alpensalamander

Salamandra atra Salamander

Merkmale: 16 cm, glänzend schwarz. **Lebensraum:** Moos, Steine, Falllaub, bis 3000 m. **Fortpflanzung:** Tragzeit 2-3 Jahre, 2 voll ausgebildete Jungtiere. **Nahrung:** Würmer, Schnecken, Kerbtiere. Winterruhe.

Beobachtet am: **Ort:**

Alpenmolch

Triturus alpestris Wassermolche

Merkmale: ca. 10 cm, ♂ etwas kleiner, nur während der Laichzeit im Wasser, Bauch leuchtend orangerot, während der Laichzeit ♂ mit gelbem, ganzrandigem, schwarz geflecktem Rückenkamm, keine Schwimmhäute zwischen den Zehen, Larven überwintern im Wasser. **Lebensraum:** Ufer stehender oder fließender Gewässer. **Fortpflanzung:** Laichzeit III-VI, Eier einzeln an Wasserpflanzen geklebt. **Nahrung:** Schnecken, Würmer, kleine Kerbtiere.

Beobachtet am: **Ort:**

Wechselkröte

Bufo viridis Kröten; **geschützt!**

Merkmale: KR 8-9 cm, Oberseite grau mit inselartigen Flecken und roten Warzen, Unterseite heller, Schallblase in der Kehle, Trommelfell sichtbar, Iris grün, Pupille waagrecht, Drüsen über dem Trommelfell nieren- oder birnenförmig. **Lebensraum:** unter Steinen, in Mauerritzen. **Fortpflanzung:** IV-VI, Eier braunschwarz in langen 2-4reihigen Schnüren, 10 000-12 000 Eier. **Nahrung:** Insekten, Schnecken, Würmer. **Lebensdauer:** 15 und mehr Jahre.

Beobachtet am: **Ort:**

Erdkröte

Bufo bufo Kröten; **geschützt!**

Merkmale: KR ♂ 8 cm, ♀ bis 13 cm, plump, Oberseite braun bis graubraun, trocken, warzig, Unterseite heller, breiter Kopf, Iris kupferrot, waagrechte Pupille, Trommelfell klein und oft nicht sichtbar, dahinter halbmondförmiger Drüsenhöcker, keine Schallblase. **Lebensraum:** Erdlöcher, unter Steinen, Moos; bis zur Baumgrenze. **Fortpflanzung:** III-IV, im Wasser, ♂ umklammert ♀ von hinten, besamte Eier in Schnüren (über 6800 Eier) um Wasserpflanze, nach 12-18 Tagen Kaulquappen, Metamorphose, Jungkröten verlassen Wasser. **Nahrung:** Würmer, Insekten, Schnecken. **Lebensdauer:** 36 Jahre.

Beobachtet am: **Ort:**

Gelbbauchunke

Bombina variegata Scheibenzüngler

Merkmale: KR 5 cm, Oberseite olivgrau mit gestachelten Rückenwarzen und dunklen Flecken, die auch fehlen können, Unterseite blaugrau mit gelben Flecken, Finger- und Zehenspitzen auch gelb, Pupille rundlich bis herzförmig, Trommelfell nicht sichtbar, keine innere Schallblase, giftiges Hautsekret. **Lebensraum:** Tümpel, Gräben, Altwässer mit Pflanzen. **Fortpflanzung:** VI-VIII, kleine Eiballen an Wasserpflanzen und Steinen, nach einer Woche Kaulquappen, Metamorphose, Jungunken verlassen das Wasser. **Nahrung:** Kleintiere. **Lebensdauer:** 20-30 Jahre.

Beobachtet am: **Ort:**

Wasserfrosch

Rana esculenta Echtfrösche

Merkmale: KR ♂ 5-7,5 cm, ♀ bis 10 cm, Oberseite grünlich mit hellem Aalstrich und dunklen Flecken, Unterseite gelblichgrau gefleckt, Haut glatt, zur Paarungszeit zwei äußere Schallblasen bei ♂. **Lebensraum:** in dicht bewachsenen Gewässern. **Fortpflanzung:** V, Laich in Ballen zu 5000-10 000 Eiern, grünliche Kaulquappen nach Metamorphose zu Frosch. **Lebensdauer:** mehr als 10 Jahre.

Beobachtet am: **Ort:**

Grasfrosch

Rana temporaria Echtfrösche

Merkmale: bis 10 cm, Oberseite gelb-, rot-, schwarzbraun, glatt, dunkel fleckig, manchmal heller Aalstrich, an den Schläfen schwarzer Keilstrich, Unterseite gelblich bis weiß mit bräunlichen Flecken, 2 innere Schallblasen, Auge mit goldbrauner Iris, waagrechter Pupille, kleiner Fersenhöcker an der 1. Zehe. **Lebensraum:** Feuchtbiotope, Wiesen, Gärten. **Fortpflanzung:** II-IV, große Laichballen mit 3000-4000 Eiern, 2-3 Monate als Kaulquappen, Metamorphose, Jungfrösche aus dem Wasser. **Nahrung:** Insekten, Spinnen, Kleintiere. **Lebensdauer:** über 10 Jahre.

Beobachtet am: **Ort:**

Smaragdeidechse

Lacerta viridis Eidechsen

Merkmale: 30-40 cm, Schwanz doppelt so lang wie der Körper, mittellanger, spitzer Kopf, braune Augen, Trommelfell sichtbar, Oberseite grasgrün bis gelbgrün, Unterseite gelb bis weiß, zur Paarungszeit mit schwarzen Tupfen, selten blaue Kehle; gezacktes Halsband, sehr kleine Rückenschuppen, 42-56 Schuppen in Querreihen, Bauchschilder in 6-8 Reihen. **Lebensraum:** sonniges, steiniges, gedecktes Gelände, Weingärten, Wegränder. **Fortpflanzung:** 5-12 Eier in warmen Boden, VII-VIII schlüpfen Junge. **Nahrung:** Heuschrecken, Insekten. **Lebensdauer:** 12-15 Jahre.

Beobachtet am: **Ort:**

Zauneidechse

Lacerta agilis Eidechsen

Merkmale: 18-20 cm, Oberseite hellbraun mit dunklem Mittelstreifen und weißen, dunkel geränderten Flecken in Längsreihen, ♂ zur Paarungszeit grün mit grünem Bauch, ♀ Bauch gelblich, stumpfer Kopf, braune Augen, Trommelfell sichtbar, gezacktes Halsband, Schuppen gekielt, auf dem Rücken 32-42 Querreihen, Bauchschilder in 6-8 Längsreihen. **Lebensraum:** trockene, sonnige Plätze. **Fortpflanzung:** V-VII, 3-14 Eier in Mauerritzen, kleinen Erdhöhlen. **Nahrung:** Insekten, Würmer. **Lebensdauer:** 12-15 Jahre.

Beobachtet am: **Ort:**

Ringelnatter

Natrix natrix Nattern; **ungiftig!**

Merkmale: 60-90 cm, Oberseite verschieden grau bis braun mit 4-6 Längsreihen schwarzer Flecken oder Barren, Kopf braun bis schwarz, am Hinterkopf weißen bis orangegelben Mondfleck mit anschließendem schwarzem Mondfleck, Kehle weiß, Unterseite schwarz oder dunkelbraun, auch weiß gewürfelt, Rückenschuppen in 19 Längsreihen, gekielte Schuppen mit Ausnahme des Schwanzes, 157-187 Bauchschilder. **Lebensraum:** Feuchtgebiete, Waldränder, Parks, Geröll. **Fortpflanzung:** VII-VIII, Eier unter Laub, Steine, Dung, 10-35 Jungtiere. **Nahrung:** Lurche, Fische. **Lebensdauer:** 20-25 Jahre.

Beobachtet am: **Ort:**

Kreuzotter

Vipera berus Vipern; **giftig, gefährdet!**

Merkmale: 60-80 cm, meist grau, ♀ meist braun, aber auch kupferrot oder fast schwarz, mit deutlichem Zickzackband auf dem Rücken, große Schuppen in 21 Reihen, 132-158 Bauchschilder, Pupille senkrecht, Iris rotbraun bis feuerrot. **Lebensraum:** Heide, Wälder, Moore. **Fortpflanzung:** 5-20 lebende Junge von 15-20 cm Länge. **Nahrung:** Frösche, Eidechsen, besonders Wühlmäuse. **Lebensdauer:** 20-25 Jahre.

Beobachtet am: **Ort:**

Hornotter

Vipera ammodytes Ottern; **giftig!**

Merkmale: bis 90 cm, Oberseite grau mit dunklem Zickzackband oder Rautenband, Unterseite gelb, spaltförmige Pupillen, kurzer Schwanz, Schuppen gekielt, Giftzähne, auf der Schnauze weiches, aufstehendes Horn, Schuppen in 21-25 Reihen. **Lebensraum:** sonniges, steiniges Gelände der SO-Alpen. **Fortpflanzung:** lebende Junge. **Nahrung:** Mäuse, Eidechsen, durch Biss vergiftet.

Beobachtet am: **Ort:**

Stockente

Anas platyrhynchos Entenvögel

Merkmale: 58 cm, 900-1500 g, ♂ grünschillernder Kopf, weißer Halsring, braune Brust, sonst grau, gelber Schnabel; ♀ braun gesprenkelt, an den Flügeln violette Binden. **Lebensraum:** flache, stehende Gewässer. **Brut:** III-VI, 6-10 Eier, B 26-29 Tage. **Nahrung:** Wasserpflanzen, Wassertiere, Getreide.

Beobachtet am: **Ort:**

Gänsesäger

Mergus merganser

Entenvögel
sehr stark gefährdet!

Merkmale: 1200-2000 g, 66 cm, ♂ Gefieder weiß mit rötlichem Hauch, Kopf und Rücken schwarz, längere Hinterkopffedern, leuchtend roter Schnabel; ♀ Gefieder meist gräulich, Hals und Kopf braun, Brust und Kehle weiß, brauner Hinterkopfschopf, roter Schnabel. **Lebensraum:** Flüsse und Seen mit Bäumen am Ufer. **Brut:** III-VI, 8-12 Eier, B 32-35 Tage, Höhlenbrüter. **Nahrung:** Fische bis zu 15 cm.

Beobachtet am: **Ort:**

Wespenbussard

Pernis apivorus Wespenbussarde

Merkmale: 51-58 cm, 600-1000 g, Oberseite dunkelbraun, Unterseite kaffeebraun mit schwarzen Strichen oder weißlich mit braunen Flecken, typische Schwanzbänderung, Augen gelb. **Lebensraum:** Waldgebiete. **Brut:** IV-VII, 2-3 Eier, B 30-37 Tage, N 40-44 Tage. **Nahrung:** Wespen- und Hummellarven.

Beobachtet am: **Ort:**

Habicht

Accipiter gentilis Habichte; **gefährdet!**

Merkmale: 48-61 cm, 700-1200 g, schiefergrau bis graubraun, Unterseite mit Querbinden, weißer Überaugenstreifen, Schwanz vierbindig, Jungvögel rötlichbraun. **Lebensraum:** vor allem Nadelwälder. **Brut:** III-VII, 3-4 Eier, B 35-41 Tage, N 38-43 Tage, Horst in hohen Bäumen. **Nahrung:** Säuger, Vögel; Überraschungsjäger. **Flug:** abwechselnd schlagend-gleitend, Schwanz selten gespreizt.

Beobachtet am: **Ort:**

Sperber

Accipiter nisus Greife

Merkmale: 28-38 cm, 130-320 g, ♂ Oberseite blaugrau, ♀ Oberseite braungrau, Unterseite hell mit deutlicher dunkler Bänderung, kleines Abbild des Habichts. **Lebensraum:** Nadelwald mit offenem Gelände. **Fortpflanzung:** IV-VI, 4-5 Eier, B 33-35 Tage, N 24-30 Tage. **Nahrung:** Vögel.

Beobachtet am: **Ort:**

Mäusebussard

Buteo buteo echte Bussarde

Merkmale: 51-56 cm, 600-1300 g, braun bis fast weiß, runder Kopf, kurzer Hals, breite Schwingen, abgerundeter Stoß, mit 10-12 Querbinden, oft heller Brustschild, braune Augen. **Lebensraum:** Kulturland, Wiesen, Felder, Gehölze. **Brut:** umfangreicher Horst auf Einzelbäumen, IV-VII, 2-3 Eier, B 33-35 Tage, N 40-49 Tage. **Nahrung:** Ansitzjäger auf Kleinsäuger, Jungvögel, Reptilien. **Flug:** langsamer Ruderflug, beim Segeln breite Schwingen und gespreizter Schwanz.

Beobachtet am: **Ort:**

Steinadler

Aquila chrysaetos Greife; **geschützt!**

Merkmale: 75-88 cm, 3000-6600 g, ♀ größer, dunkelbraun mit goldgelbem Oberkopf und Nacken, im Alter Scheitel, dunkle Augen, Fänge voll befiedert. **Lebensraum:** in Mitteleuropa, nur Hochgebirge. **Brut:** Baum- oder Felshorst, III-V, 2 Eier, B 43-45 Tage, N 63-70 Tage. **Nahrung:** Säuger, Aas. **Flug:** Suchflug in Deckung.

Beobachtet am: **Ort:**

Bartgeier

Gypaetus barbatus Greife; **geschützt!**

Merkmale: 102-110 cm, 5000-7000 g, heller Kopf mit schwarzem Augenstrich, Kinnbart, schwarzgrau, Unterseite gelblichbraun, Schwanz lang, keilförmig, Lauf gefiedert, Flügel gewinkelt. **Lebensraum:** Hochgebirge, Salzburg und als Irrgast. **Brut:** 1-2 Eier, B 55-60 Tage, N 110 Tage; Felsenhorst. **Nahrung:** Knochen, wenig Fleisch.

Beobachtet am: **Ort:**

Turmfalke

Falco tinnunculus Falken

Merkmale: 27-33 cm, ♂ 190 g, Oberkopf blaugrau, Schwanz blaugrau, Rücken rotbraun mit dunklen Flecken; ♀ 240 g, Kopf und Rücken hellbraun, Schwanz rotbraun, gebändert, Krallen schwarz. **Lebensraum:** offenes Gelände. **Brut:** IV-VII, 4-6 Eier, B 27-31 Tage, N 28-32 Tage. **Nahrung:** Kleinsäuger, Insekten, Jungvögel.

Beobachtet am: **Ort:**

Baumfalke

Falco subbuteo Falken

Merkmale: 30-36 cm, 175-300 g, Oberseite schiefergrau, Hals und Kehle gebrochen weiß mit deutlichem Bartstreifen, Unterseite weiß bis gelblich mit dunklen Flecken, Flügel gebogen, kurzer Schwanz. **Lebensraum:** Moor und Heide, gern am Wasser. **Fortpflanzung:** VI-VIII, 2-4 Eier, B 28 Tage, N 28-32 Tage. **Nahrung:** Vögel, Insekten.

Beobachtet am: **Ort:**

Auerhuhn

Tetrao urogallus Raufußhühner

Merkmale: ♂ 60-85 cm, 4200 g, dunkelblaugrün schillernd, Flügel dunkelbraun mit weißem Bugfleck, Schwanz weiß gesprenkelt, Kinnbart, heller Schnabel, über den Augen rote Haut; ♀ 65 cm, 2000 g, braun mit dunkler Bänderung und Sprenkelung, rostbrauner Brustfleck; polternder Flug; Balz einzeln auf Bäumen, scheu. **Lebensraum:** ruhige, dichte Wälder mit Beerenunterwuchs, bis 1600 m. **Brut:** IV-VI; 6-10 Eier mit dichten rotgrauen Flecken, B 26-29 Tage, Nestflüchter. **Nahrung:** Kräuter, Beeren, Insekten, Ameisenpuppen.

Beobachtet am: **Ort:**

Birkhuhn

Lyrurus tetrix Raufußhühner

Merkmale: ♂ 53 cm, 1250 g, schwarz glänzend, weiße Flügelbinde, Unterschwanzdecke weiß, rote Augenlappen (Rosen), Schwanz leierartig; ♀ 42 cm, 950 g, braun mit schwarzer Bänderung, Schwanz gegabelt; Gemeinschaftsbalz auf freien Flächen. **Lebensraum:** lichte Wälder, Moorwiesen, bis 2400 m. **Brut:** V-VI, 6-12 gelbliche Eier mit großen schwarzen Flecken, B 26-27 Tage, Nestflüchter. **Nahrung:** Beeren und Blätter von Heidel-, Preisel- und Krähenbeeren, Knospen von Laub- und Nadelbäumen, Insekten.

Beobachtet am: **Ort:**

Haselhuhn

Tetrastes bonasus Raufußhühner

Merkmale: 36 cm, 370 g, ♂ Kehle schwarz mit weißer Begrenzung, ♀ Kehle weißlich, sonst beide rotbraun, schwarz gefleckt und gebändert. **Lebensraum:** dichte Wälder, bis 1800 m. **Brut:** Bodennest im Gestrüpp, V-VI, 8-12 gelbbraune Eier, B 22-25 Tage. **Nahrung:** Baumknospen, Beeren, Insekten.

Beobachtet am: **Ort:**

Alpenschneehuhn

Lagolpus mutus Raufußhühner

Merkmale: 35 cm, 350-510 g, Sommer ♂ graubraun mit feiner schwarzer Bänderung, schwarzem Augenstrich, ♀ gelbbraun mit schwarzer Bänderung, beide mit „Rosen“, Flügel und befiederte Füße immer weiß; Winter - beide weiß, nur der Schwanz schwarz. **Lebensraum:** oberhalb der Baumgrenze, Schutt, Halden, Tundra. **Brut:** VI-VIII, 4-11 Eier, B 23-24 Tage. **Nahrung:** Beeren, Knospen der Alpenkräuter, Insekten.

Beobachtet am: **Ort:**

Steinhuhn

Alectoris graeca Hühnervögel

Merkmale: 35 cm, 500-850 g, Flanken weißlich-rotbraun-schwarz gebändert, Oberseite graubraun, Kehle und Wangen weiß, von dunklen Streifen eingefasst, Augen rot umrandet, roter Schnabel und rote Füße. **Lebensraum:** steinige Berghänge. **Brut:** V-VII, 9-14 Eier, B 24-26 Tage, Nestflüchter, Einehe. **Nahrung:** Beeren, Nadeln, Knospen, Insekten.

Beobachtet am: **Ort:**

Teichhuhn

Gallinula chloropus Rallen

Merkmale: 33 cm, 300 g, Oberseite schwarzbraun, Unterseite und Kopf schwarzblau, lange grüne Beine und Zehen, Schnabel rot mit gelber Spitze, kleines rotes Schild an der Stirn, äußere Unterschwanzdecken weiß, läuft und schwimmt mit Kopfbewegung und Schwanzzucken. **Lebensraum:** Ufer mit dichtem Bewuchs. **Brut:** IV-VII, 4-10 Eier, B 19-22 Tage, 1-3x pro Jahr. **Nahrung:** Wasserpflanzen, Insekten, Kaulquappen, Gräser.

Beobachtet am: **Ort:**

Schleiereule

Tyto alba Eulen

Merkmale: 34 cm, 350 g, Oberseite grau meliert mit rostbraunen bis goldbraunen Flecken, Unterseite weiß mit goldbraunen Flecken, keine Federohren, weißer Gesichtsschleier, Augen dunkelbraun, sehr lange Flügel. **Lebensraum:** offenes Kulturland. **Brut:** in Gebäuden, III-X, 4-7 Eier, B 30-34 Tage, N 44-67 Tage. **Nahrung.** Kleinsäuger, meist Feldmäuse.

Beobachtet am: **Ort:**

Uhu

Bubo bubo Eulen; **geschützt!**

Merkmale: bis 70 cm, 2000-3000 g, gelbbraun mit braunschwarzen Flecken oberseits, braunschwarzen Flecken und Strichen unterseits, Flügel unterseits hell, Gestalt gedrungen mit flachem Kopf, Federohren, Augen orangerot, Beine und Fänge befiedert. **Lebensraum:** felsige Wände. **Brut:** II-VI, 2-5 Eier, B 31-36 Tage, N 35 Tage. **Nahrung:** Säugetiere, Vögel. **Aktivität:** Dämmerung, Nacht, Suchflug oder Ansitz.

Beobachtet am: **Ort:**

Zwergohreule

Otus scops Eulen

Merkmale: 19 cm, 90 g, Federkleid erinnert stark an Baumrinde, gut ausgebildete Federohren, große gelbe Augen, Gesichtsschleier schwach erkennbar. **Lebensraum:** Gärten, Parks, Haine. **Brut:** Höhlen, IV-VI, B 24-29 Tage, N 21-29 Tage. **Nahrung:** Großinsekten, Würmer, Kleinsäuger, Kleinvögel. **Aktivität:** Nacht.

Beobachtet am: **Ort:**

Waldohreule

Asio otus Eulen

Merkmale: 36 cm, 280 g, rindenfarbig bis braun, große Federohren, deutlicher Gesichtsschleier, feuerrote Augen. **Lebensraum:** waldiges Gelände. **Brut:** III-VI, 4-6 Eier, B 27-28 Tage, N 18-25 Tage. **Nahrung:** meist Feldmäuse, Kleinnager, Vögel. **Aktivität:** Nacht.

Beobachtet am: **Ort:**

Sperlingskauz

Glaucidium passerinum Eulen

Merkmale: 16,5 cm, ♂ 90 g, ♀ 75 g, Oberseite dunkelbraun, flacher Kopf ohne deutlichen Gesichtsschleier, hellgelbe Augen, wippt deutlich mit dem Schwanz. **Lebensraum:** Wälder mit Lichtungen, bis 1600 m, Reviere. **Brut:** IV-V, 4-6 Eier, B 28-29 Tage, N 30-34 Tage, in Höhlen. **Nahrung:** Kleinvögel und -säuger. **Aktivität:** tagsüber, Dämmerung.

Beobachtet am: **Ort:**

Steinkauz

Athene noctua Eulen

Merkmale: 22 cm, 200 g, Oberseite braun mit weißen Tupfen, Unterseite hell mit braunen Längsflecken, Kopf flach, wenig Gesichtsschleier, große hellgelbe Augen. **Lebensraum:** strukturiertes, offenes Kulturland. **Brut:** IV-VI, 3-5 Eier, B 22-28 Tage, N 34 Tage, Höhlenbrüter. **Nahrung:** Insekten, Spinnen, Kleinsäuger, Kleinvögel, Reptilien. **Aktivität:** Revier, Tag und Nacht.

Beobachtet am: **Ort:**

Waldkauz

Strix aluco Eulen

Merkmale: 38 cm, ♂ 450 g, ♀ 550 g, grau- bis dunkelbraun mit dunkler Längsstreifung und Bänderung, großer Kopf, große braune Augen, kurzer Schwanz. **Lebensraum:** Wälder, Parks. **Brut:** am Brutplatz lärmend, II-VI, 2-6 Eier, B 28-30 Tage, N 29-35 Tage Bruthöhle. **Nahrung:** Kleinsäuger, Vögel, Frösche. **Aktivität:** Dämmerung bis Mitternacht.

Beobachtet am: **Ort:**

Raufußkauz

Aegolius funereus Eulen

Merkmale: 25 cm, ♂ 100 g, ♀ 160 g, Oberseite graubraun mit weißen Tupfen, Unterseite heller, heller Gesichtsschleier, gelbe Augen, keine Federohren. **Lebensraum:** Fichten- und Mischwälder, braucht Spechthöhlen zum Brüten. **Brut:** III-VI, 3-6 Eier, B 26-29 Tage, N 30-32 Tage. **Nahrung:** Spitzmäuse, Kleinvögel. **Aktivität:** Dämmerung, Nacht.

Beobachtet am: **Ort:**

Schwarzspecht

Dryocopus martius Spechte

Merkmale: 46 cm, 300 g, schwarz, leuchtendroter Oberkopf, langer Hals, schlank, Schnabel und Augen hellgelb, ♀ am Hinterkopf mit rotem Fleck, Jungvögel ganz schwarz. **Lebensraum:** lichte Altholzbestände. **Brut:** Nisthöhle, IV-VI, B 12-14 Tage, N 27-28 Tage. **Nahrung:** Käferlarven, Ameisen und deren Puppen in Baumstümpfen

Beobachtet am: **Ort:**

Großer Buntspecht

Picoides major Spechte

Merkmale: ♂ 23 cm, 80 g, schwarzweiß, schwarzer Bartstreifen zum Hinterkopf, Bauch weiß, roter Fleck am Hinterkopf und Unterschwanz, weiße Schulterflecken; ♀ ohne roten Hinterkopffleck; Trommelwirbel. **Lebensraum:** Wälder, Parks, Gärten. **Brut:** in Weichholzhöhlen, V-VI, 4-7 Eier, B 12 Tage, N 18-21 Tage. **Nahrung:** im Holz lebende Insekten und Larven, im Winter Nüsse, Zapfen, Baumsaft.

Beobachtet am: **Ort:**

Wasseramsel

Cinclus cinclus Wasseramseln

Merkmale: 18 cm, 60 g, dunkelbraun mit weißer Kehle und Brust, Kopf heller braun, kurzer Schwanz, häufig knicksend, taucht, schwimmt. **Lebensraum:** schnell fließende, klare Gewässer, bis über 2000 m. **Brut:** III-VII, 4-6 Eier, B 14-17 Tage, N 20 Tage. **Nahrung:** Wasserinsekten, Larven, Würmer, kleine Krebse.

Beobachtet am: **Ort:**

Alpenmauerläufer

Tichodroma muraris Spechtmeisen

Merkmale: 18 cm, 18 g, graublau, Flügel rotschwarz mit weißen Flecken, Vorderbrust schwarz mit weißem Rand, langer, gebogener Schnabel, ♀ Winterkleid, Kinn und Kehle weißlich. **Lebensraum:** Felswände. **Brut:** Nest in Felsspalten, V-VI, 4-5 Eier, B 18-19 Tage, N 21-26 Tage. **Nahrung:** Insekten. **Flug:** schmetterlingsartig.

Beobachtet am: **Ort:**

Kolkrabe

Corvus corax Rabenvögel; **gefährdet!**

Merkmale: 64 cm, 1250 g, tiefblauschwarz schillerndes Gefieder, starker, großer Schnabel, keilförmiger Schwanz. **Lebensraum:** Alpentäler, Wälder im Tiefland. **Brut:** II-V, 3-6 Eier, B 20-23 Tage, N 40 Tage. **Nahrung:** Allesfresser.

Beobachtet am: **Ort:**

Alpenkrähe

Pyrrhocorax pyrrhocorax Rabenvögel

Merkmale: 40 cm, 300 g, blauschwarz glänzendes Gefieder, langer oranegroter Schnabel, Beine orangerot. **Lebensraum:** Hochgebirge, im Winter bis in Tallagen. **Brut:** IV-VI, 3-6 Eier, B 21-23 Tage, N 37-40 Tage, in Kolonien. **Nahrung:** Insekten, Schnecken, Würmer, Beeren, Samen. **Flug:** geschickter Segler.

Beobachtet am: **Ort:**

Alpendohle

Pyrrhocorax graculus Rabenvögel

Merkmale: 38 cm, 230 g, schwarzes, glänzendes Gefieder, schwach gebogener, gelber Schnabel, orangerote Beine. **Lebensraum:** Hochgebirge, nur im Winter bis in Tallagen. **Brut:** IV-VII, 4-5 Eier, B 18-21 Tage, N 31-38 Tage. **Nahrung:** Insekten, Würmer, Schnecken, Aas, Abfälle, Früchte.

Beobachtet am: **Ort:**

Tannenhäher

Nucifraga caryocatactes Rabenvögel

Merkmale: 32 cm, 170 g, dunkelbraun mit weißen Sprenkeln, Oberkopf braun, Flügel schwarz, Unterschwanzdecke weiß, kräftiger schwarzer Schnabel. **Lebensraum:** Nadel- und Mischwald mittlerer und höherer Lagen. **Brut:** III-V, 3-4 Eier, B 16-21 Tage, N 21-25 Tage. **Nahrung:** Nadelbaumsamen, Nüsse, Insekten.

Beobachtet am: **Ort:**

Feldspitzmaus

Sorex araneus Spitzmäuse

Merkmale: 4-16 g, KR 5,8-8,7 cm, SL 3,2-5,6 cm, Oberseite dunkelbraun, Flanken heller braun, Unterseite grau, Schwanz kürzer als der Körper, Schnauze spitz, sehr kleine Augen, Ohren kaum sichtbar. **Lebensraum:** feuchte Gebiete. **Fortpflanzung:** IV-X, 3-4 Würfe mit 4-10 nackten Jungen, Tragzeit 13-20 Tage. **Nahrung:** fleischfressend. **Lebensdauer:** 1,5 Jahre.

Beobachtet am: **Ort:**

Zwergfledermaus

Pipistrellus pipistrellus Glattnasen; **geschützt!**

Merkmale: 3-8 g, KR 3,3-5,2 cm, SL 2,6-3,3 cm, H 0,4-0,7 cm, U 2,7-3,2 cm, Oberseite braun, Unterseite heller, Ohren dreieckig mit runden Enden und großem Ohrendeckel (Tragus), schmale Flügel, der letzte Schwanzwirbel nicht in der Flughaut. **Lebensraum:** menschliche Siedlung, überwintert in Höhlen und Dachböden. **Fortpflanzung:** 1-3 blinde, nackte Junge nach 75 Tagen Tragzeit, weibliche Tiere in Wochenstuben. **Lebensdauer:** 20 Jahre.

Beobachtet am: **Ort:**

Feldhase

Lepus capensis Hasen; **gefährdet!**

Merkmale: 2500-6500 g, KR 44-76 cm, SL 7-11 cm, KH 22-30 cm, oberseits gelbbraun mit weißen und dunklen Haarspitzen, Bauch und Schwanzunterseite weiß, Fell weich und dicht, große, hellbraune Ohren mit schwarzen Spitzen, schwarze Nase und Schwanzoberseite, Brust, Kehle und Flanken gelblich. **Lebensraum:** überall. **Fortpflanzung:** III-X, 3-4 Würfe mit sehenden, behaarten Laufjungen. **Nahrung:** Pflanzen, manchmal kleine Tiere. **Lebensdauer:** 10-12 Jahre.

Beobachtet am: **Ort:**

Schneehase

Lepus timidus Nagetiere

Merkmale: 1700-5800 g, KR 58-63 cm, SL 5-6,5 cm, KH 14-15 cm; Winterkleid weiß mit schwarzen Ohrenspitzen; Sommerkleid graubraun, seitlich etwas heller, Bauchseite gelbweiß, stark behaarte Pfoten. **Lebensraum:** Krummholzgürtel, Tundra. **Fortpflanzung:** 47-55 Tage Tragzeit, zweimal 2-3 sehende, behaarte Laufjunge. **Nahrung:** Pflanzenteile. **Lebensdauer:** 10-13 Jahre.

Beobachtet am: **Ort:**

Murmeltier

Marmota marmota Hörnchen

Merkmale: 4-8 kg, KR 50-58 cm, SL 13-16 cm, KH 8-10 cm; dichtes, rauhes, graubraunes Fell mit hellen Haarspitzen, Bauchseite heller, buschiger Schwanz mit schwarzer Spitze, runder Kopf mit flacher Stirn, schwarze Nase, dunkelbraune Augen, kleine Ohren. **Lebensraum:** sonnige Hänge des Hochgebirges. **Fortpflanzung:** 33-35 Tage Tragzeit, 2-4 blinde, nackte Junge. **Nahrung:** Gras, Kräuter. **Lebensdauer:** 15-18 Jahre. Winterschläfer.

Beobachtet am: **Ort:**

Eichhörnchen

Sciurus vulgaris Hörnchen; **geschützt!**

Merkmale: 230-280 g, KR 20-28 cm, SL 14-24 cm, KH 5-7 cm; feines, dichtes rotgraues bis schwarzes Fell, große dunkelbraune Augen, Ohrpinsel, langer, buschiger Schwanz, Beine länger als Arme, Nager. **Lebensraum:** Wälder, Parks, Gärten. **Fortpflanzung:** Kugelnest (Kobel), Tragzeit 38 Tage, 3-7 Junge, nackt, blind. **Nahrung:** Pflanzenteile, Eier, Jungvögel (Nesträuber). **Lebensdauer:** 8-10 Jahre.

Beobachtet am: **Ort:**

Baumschläfer

Dryomys nitedula Schläfer; **geschützt!**

Merkmale: KR 10 cm, SL 9 cm, Oberseite grau, Unterseite weißlich, schwarzer Augenring von der Nase bis zum Ohr, Oberlippe, Wange scharf weiß abgegrenzt, dichtbehaarter, braungrauer Schwanz, Unterseite weiß. **Lebensraum:** lichte Wälder. **Fortpflanzung:** 3-4 nackte, blinde Junge. **Nahrung:** Pflanzenfresser, Insekten, Spinnen. **Aktivität:** Dämmerung, Nacht.

Beobachtet am: **Ort:**

Siebenschläfer

Glis glis Schläfer

Merkmale: 70-180 g, KR 15-19 cm, SL 11-15 cm, KH 2,5-3,5 cm; Fell dicht, oberseits gräulichbraun, unterseits hellgrau, Ohren klein, ohne Haarpinsel, Augen groß, dunkelbraun, Nase fleischfarben, Zehen 4/5, dunkler Augenring. **Lebensraum:** Wälder, Parks. **Fortpflanzung:** 30-32 Tage Tragzeit, 2-7 Junge, nackt, blind. **Nahrung:** Pflanzenteile, Beeren, Eier, Jungvögel, Obst. **Lebensdauer:** 9 Jahre.

Beobachtet am: **Ort:**

Haselmaus

Muscardinus avellanarius Schläfer; **geschützt!**

Merkmale: 15-40 g, KR 6-9 cm, SL 5,5-7,5 cm, KH 1,5- 1,8 cm, Oberseite haselnussbraun, Unterseite heller, weiches, dichtes Fell, Kehle und Brust weißlich, große Augen, mittlere, wenig behaarte Ohren, langer Schwanz, buschig behaart. **Lebensraum:** dichtbewachsenes Gelände, nicht an Haselstauden gebunden. **Fortpflanzung:** 3-4 nackte, blinde Junge, Tragzeit 26 Tage. **Nahrung:** Pflanzenfresser, Insekten, Schnecken, Spinnen. **Aktivität:** Dämmerung, nachtaktiv.

Beobachtet am: **Ort:**

Fuchs

Vulpes vulpes Hunde

Merkmale: 4-10 kg, KR 60-77 cm, SL 32-53 cm, KH 35-40 cm; dichtes, weiches Fell, Unterseite weiß, oft auch die Schwanzspitze, spitze Schnauze mit schwarzer Nase, hellbraune Augen, große Ohren, hinten schwarz, buschiger, schwärzlicher Schwanz. **Lebensraum:** überall. **Fortpflanzung:** Tragzeit 51 Tage, 3-5 Junge, blind und wollig. **Nahrung:** Allesfresser, vor allem Mäuse. **Lebensdauer:** 10-12 Jahre.

Beobachtet am: **Ort:**

Fischotter

Lutra lutra Marder; **bedroht, ganzjährig geschützt!**

Merkmale: 6-16 kg, KR 60-95 cm, SL 25-55 cm, KH 30 cm; graubraunes Fell aus langen Grannen und sehr feiner Unterwolle, Kinn und Kehle weiß, Unterseite sonst hellbraun, kurze Beine, langer, kräftiger Schwanz, Kopf flach, mit winzigen Ohren, kleinen Augen, Schwimmhäute zwischen den Zehen. **Lebensraum:** fischreiche Gewässer, bis 2500 m. **Fortpflanzung:** ♂ Einzelgänger, ♀ mit Jungtieren, 59-63 Tage Tragzeit, 2-3 blinde, fast nackte Junge. **Nahrung:** Fische, Wassertiere, Lurche, Vögel, Aas, Eier, Kleinsäuger. **Lebensdauer:** bis 20 Jahre.

Beobachtet am: **Ort:**

Dachs

Meles meles Marder

Merkmale: 10-18 kg, KR 60-70 cm, SL 15-20 cm, KH 30 cm; silbergrau durch dunkle Grannen und helle Unterwolle, Unterseite schwarz, Kopf weiß, bis auf breiten Augenstreifen von der Nase zum Ohr, kurze Beine, kurzer Schwanz, Nase spitz, kleine Ohren, lange Krallen. **Lebensraum:** Laub- und Mischwälder, Parks. **Fortpflanzung:** Keimruhe, 7-13 Monate Tragzeit, 3-5 kleine, nackte, blinde Junge. **Nahrung:** Allesfresser. **Lebensweise:** selbstgegrabener Bau, Harn/Kot in eigene Aborte, Lebensehe, Passgänger, geräuschvoll, im Winter längere Ruhezeit.

Beobachtet am: **Ort:**

Baummarder

Martes martes Marder

Merkmale: 1000-2500 g, KR 42-52 cm, SL 22-27 cm, KH 15 cm; dunkelbraunes, dichtes Fell, gelbliche Unterwolle, dottergelber Kehlfleck, hohe, runde Ohren mit gelblichem Rand, Nase schwarz, lange Haare zwischen den Ballen. **Lebensraum:** große, zusammenhängende Wälder. **Fortpflanzung:** Eiruhe, daher 260-305 Tage Tragzeit, 2-4 blinde, fast nackte Junge. **Nahrung:** Eichhörnchen und andere Kleinsäuger, Vögel, Eier, Beeren. **Lebensdauer:** 10-12 Jahre.

Beobachtet am: **Ort:**

Hermelin

Mustela erminea Marder

Merkmale: 125-445 g, KR 22-31 cm, SL 8-12 cm, KH 4-5 cm, Winterkleid reinweiß mit schwarzer Schwanzspitze, Sommerkleid oberseits braun, unterseits scharf abgegrenzt weiß, Körper langgestreckt, Kopf flach, Ohren kurz mit weißlichem Rand, kurze Beine. **Lebensraum:** waldreiche Gegend. **Fortpflanzung:** mit Eiruhe 8-13 Monate Tragzeit, sonst 2 Monate; 4-7 fast nackte Junge, öffnen nach 4 Wochen die Augen. **Nahrung:** Mäuse, Kleinvögel, Insekten. **Lebensdauer:** 10 Jahre.

Beobachtet am: **Ort:**

Luchs

Lynx lynx Katzen; **ganzjährig geschützt!**

Merkmale: 13-22,5 kg, KR 80-130 cm, SL 11-25 cm, KH 60-75 cm; Oberseite rotbraun mit schwarzbraunen Sprenkeln, Unterseite weiß; runder Kopf mit Backenbart, Pinselohren, lange Läufe, kurzer Stummelschwanz mit schwarzem Ende, Augen goldgelb. **Lebensraum:** Waldgebiete, Ödland mit viel Deckung, In der Steiermark und in Kärnten durch Aussetzen wieder eingebürgert. **Fortpflanzung:** Tragzeit 70 Tage, 2-4 blinde, behaarte Junge. **Nahrung:** Vögel, Säuger bis Rehgröße. **Lebensdauer:** 12-15 Jahre.

Beobachtet am: **Ort:**

Wildkatze

Felis sylvestris Katzen; **ganzjährig geschützt!**

Merkmale: ♂ 80-90 cm, bis 8000 g, größer als Hauskatze, Fell gelbgrau gestreift, Schwanz (Rute) länger als der Kopf (30 cm), stumpf, mit 3 deutlichen, schwarzen Ringen; Nase fleischfarben. **Lebensraum:** ausgedehnte Wälder in Mittellagen. **Fortpflanzung:** 3-5 Junge in Versteck, 9 Tage blinde Nesthocker. **Nahrung:** Kleinsäuger bis Hasengröße. **Lebensdauer:** 12-15 Jahre.

Beobachtet am: **Ort:**

Wildschwein

Sus scrofa Schweine

Merkmale: 35-350 kg, KR 110-180 cm, SL 15-20 cm, KH 85-115 cm, dichtes graubraunes Haarkleid mit dichter Unterwolle, Junge mit gelblichen Querstreifen, kleine Augen, nackte Rüsselscheibe, große, spitze Ohren, Schwanz mit Quaste, scharfe Eckzähne. **Lebensraum:** bewachsenes Gelände mit Wasser. **Fortpflanzung:** IV V, 1-12 sehende Laufjunge. **Nahrung:** Allesfresser. **Lebensdauer:** 25-30 Jahre.

Beobachtet am: **Ort:**

Gämse

Rupicapra rupicapra Hornträger

Merkmale: 15-60 kg, KR 110-130 cm, SL 10-15 cm, KH 70-85 cm; im Sommer rotbraun mit schwarzem Aalstrich, dunklem Wangenstreifen, Unterseite dunkel, ebenso Läufe, lange Ohren, schmal, Hörner bei beiden Geschlechtern, senkrecht nach oben mit nach hinten gehakelten Spitzen, im Winter Fell schwarzbraun mit heller Unterseite, weißer Spiegel, stark spreizbare Schalen mit starken Schalenrändern und gummiartigen Ballen. **Lebensraum:** Hochgebirge. **Fortpflanzung:** 23 Wochen Tragzeit, meist 1 Laufjunges. **Nahrung:** Gras, Kräuter. **Lebensdauer:** 12-18 Jahre.

Beobachtet am: **Ort:**

Steinbock

Capra ibex Hornträger

Merkmale: 40-110 kg; KR 105-160 cm, SL 12-15 cm, KH 70-90 cm, graubraun bis braun, beide Geschlechter mit Hörnern, ♂ bis 100 cm, 15 kg, mit Wülsten, Geiß kleinere Hörner, werden nicht abgeworfen. **Lebensraum:** Hochalpen. **Fortpflanzung:** Tragzeit 21-23 Wochen, 1-2 sehende, kräftige Junge mit Aalstrich am Rücken. **Nahrung:** Gras, Kräuter, Flechten. **Lebensdauer:** 12-15 Jahre.

Beobachtet am: **Ort:**

Reh

Capreolus capreolus Hirsche

Merkmale: 15-20 kg, KR 100-140 cm, SL 1-2 cm, KH 60-90 cm; Sommerfell rotbraun mit gelbweißem Spiegel, Winterfell graubraun mit weißem Spiegel, Ohren lanzettlich, Nase schwarz, mittlere Augen; ♂ mit Geweih, das jährlich erneuert wird, kurz, während der Bildung von durchbluteter Haut überzogen, Fegen; Kitz gefleckt. **Lebensraum:** lockere Wälder. **Fortpflanzung:** durch die Eiruhe 7 Monate Tragzeit, 1-2 Junge, lauffähig, sehend. **Nahrung:** Gras, Kräuter, Pilze, Flechten, Moose, Obst. **Lebensdauer:** 15 Jahre.

Beobachtet am: **Ort:**

Rothirsch

Cervus elaphus Hirsche

Merkmale: 95-350 kg, KR 160-250 cm, SL 12-15 cm, KH 90-150 cm; glattes, rotbraunes Sommerfell mit sandfarbenem Spiegel, Winterfell graubraun, in der Brunftzeit ♂ mit Halsmähne, Nase schwarz, lanzettliche Ohren, mittlere Augen, ♂ trägt Geweih, das jährlich erneuert und vergrößert wird, wird im Sommer gefegt, d. h. von der Haut befreit. **Lebensraum:** Wälder, Parks, Auen. **Fortpflanzung:** 33-34 Wochen Tragzeit, 1 Laufjunges. **Nahrung:** Gras, Kräuter, Pflanzenteile, Pilze. **Lebensdauer:** 12-15 Jahre, manchmal älter.

Beobachtet am: **Ort:**

Register

Deutsche Namen:

Register

Wissenschaftliche Namen:

ALPENZOO
Innsbruck - Tirol
Weiherburggasse 37
Tel. 0512/29 23 23
Fax 0512/29 30 89

ALPENZOO
INNSBRUCK - TIROL

Besuchen Sie den höchstgelegenen Zoo Europas auf der Sonnenseite von Innsbruck. Ein Themenzoo der Extraklasse!

2000 Wildtiere von 150 Arten aus der alpinen Tierwelt

Bärenspielplatz
Schaubauernhof
Aquarium

Täglich geöffnet ab 9.00 Uhr
Sommer bis 18.00,
Winter bis 17.00 Uhr
alpenzoo@tirol.com
www.alpenzoo.at